LES PASSEPORTS DE L'ART

L'abbaye de Westminster

EDITIONS ATLAS

Édité par :

ÉDITIONS ATLAS s.a., tour Maine-Montparnasse, 33, avenue du Maine, 75755 Paris Cedex 15. Tél. : 538-52-70.

Belgique : ÉDITIONS ATLEN s.a., Bruxelles.

Canada : ÉDITIONS ATLAS CANADA Ltée, Montréal Nord.

Suisse : ÉDITIONS TRANSALPINES, Lugano.

RÉALISATION

EDENA, 29, boulevard Edgar-Quinet, 75014 Paris. Tél. : 320-15-01.

Texte : Claudio Gorlier.

Traduction et adaptation : Dominique Margaux.

Coordination : Jeanne Dutertre.

Photographies : W. Forman et A.F. Kersting (les photographies des pages 35, 45, 46, 54-55, 61, 64, 67, 68, 74-75 sont publiées avec l'aimable autorisation de Weidenfeld & Nicholson Ltd.).

Imprimé en Italie par I.G.D.A., Officine Grafiche, Novara, 1983.
Relié en Italie par Nuova Legatoria del Verbano.

« Héros et rois, gardez vos distances! »

Humanité, observe et tremble!
Quelle transformation de chair a lieu ici!
Pense au nombre d'ossements royaux
Qui dorment sous cet amas de pierres :
Voici en vérité un champ ensemencé
Par la graine la plus riche et la plus noble
Que la terre ait jamais reçue
Depuis que le premier homme
est mort pour ses péchés.

(Francis Beaumont, *Sur les tombes de l'abbaye de Westminster.*)

Un mausolée royal, symbole de la continuité des institutions et rappel du mystère inquiétant de la mort : telle est la double image qui se dégage du célèbre poème consacré à l'abbaye de Westminster par le dramaturge élisabéthain Beaumont, dont la dépouille mortelle repose sous les dalles de la cathédrale. Ce monument quasi millénaire ne prend toutefois sa véritable dimension aux yeux des hommes qu'en sa qualité de lieu privilégié du sacre royal et de dépositaire sacré des gloires nationales.

L'abbaye de Westminster apparaît en effet comme une sorte de microcosme qui concentre et réfléchit l'histoire mouvementée, riche en drames, d'un grand peuple. C'est Édouard le Confesseur, monté sur le trône d'Angleterre à son retour d'exil, en 1042, et constamment confronté aux révoltes des grands féodaux et des Écossais, qui décide de faire construire un monastère bénédictin comprenant une grande église. Voulant édifier un monument nouveau qui sorte de l'ordinaire, il choisit un emplacement central qui n'est pas dépourvu de signification politique puisqu'il s'agit du lieu même de sa résidence : l'île connue des Saxons sous le nom de Thorney; située entre les marais et les petits cours d'eau tributaires de la Tamise, celle-ci jouait au Moyen Age le rôle de cité administrative par rapport à Londres, qui restait cantonné dans une fonction commerciale.

En l'honneur de saint Pierre, auquel il voue un culte particulier, le roi fait construire l'abbaye sur les ruines d'une église consacrée à l'Apôtre. Les travaux durent plus de dix ans, et le monastère ne sera consacré que le 28 décembre 1065. Malade, le souverain n'assiste pas à la cérémonie. Il meurt le 5 janvier 1066 : Édouard s'est ainsi fait préparer un sépulcre qui deviendra au fil des siècles un véritable objet de vénération.

Une tradition forgée fort opportunément fait d'Édouard le Confesseur un modèle de piété et de sainteté : de cette sainteté, il n'existe pas d'autres preuves que les faux habilement fabriqués par l'abbé Osbert, dont se servira Henri II pour la canonisation d'Édouard en 1161. Pour les historiens, le Confesseur fait le lien entre plusieurs civilisations. Normand par sa mère et élevé en Normandie (il fait d'ailleurs appel à de nombreux artisans venus de cette province pour édifier son abbaye), il apparaît en outre comme le dernier des rois saxons, dont, comme toute sa cour, il parle la langue et partage les usages.

Il meurt sans laisser d'héritier, et son successeur, Harald, trouve la mort quelques mois plus tard à la bataille d'Hastings, vaincu par les envahisseurs normands sous les ordres de Guillaume le Conquérant.

Le couronnement solennel de Guillaume Ier, le 25 décembre 1066, marque le premier grand tournant de l'histoire de Westminster. Bien qu'apparenté à Édouard par sa femme, le Conquérant inaugure en effet un nouveau cycle historique et culturel, comme en témoigne le puissant apport des Normands à l'élaboration de la langue anglaise. Guillaume se fait couronner suivant l'ancien rite saxon, ce qui n'est pas sans provoquer quelques désordres dans sa suite normande, massée à l'extérieur de l'église. A partir de cette date, tous les rois d'Angleterre seront couronnés à Westminster. Seuls échapperont à la tradition Édouard V, l'enfant assassiné par son oncle Richard III, et Édouard VIII, qui ne régnera qu'un an avant d'abdiquer, en 1936.

Tandis que l'abbaye s'agrandit avec la construction des logements des moines (les travaux d'extension et d'embellissement se poursuivront jusqu'au XVIIIe siècle, faisant de Westminster un éternel chantier), l'histoire de l'Angleterre connaît une série de conflits internes et de guerres. Henri II, le premier des Angevins, qui fait canoniser Édouard le Confesseur, s'engage dans une violente controverse avec l'Église, controverse qui culmine avec l'assassinat de l'archevêque Thomas Becket dans la cathédrale de Canterbury en 1170.

Henri III, aussi raffiné que son père Jean sans Terre était fruste, mais aussi résolu que ce dernier à mater la révolte des grands féodaux, parvient à ses fins malgré l'humiliation que sera pour lui l'octroi de la Grande Charte de 1215. Il accorde une attention particulière à l'abbaye (c'est à lui qu'elle doit sa configuration actuelle) et fait construire le sanctuaire d'Édouard le Confesseur et la grande salle capitulaire. Son fils, Édouard Ier, poursuit son œuvre : il rapporte des croisades les marbres qui vont orner le tombeau de son père et fait don à l'abbaye, après sa victoire décisive sur les Écossais, de la légendaire « pierre de Scone », sur laquelle étaient traditionnellement sacrés les anciens rois celtes.

La terrible peste noire de 1348 n'épargne pas Westminster. Elle décime les moines et ralentit les travaux de la grande nef. En 1381, une révolte paysanne ébranle un royaume de plus en plus engagé dans la guerre de Cent Ans. C'est alors que s'achève, dans de sombres méditations sur la tombe d'Édouard le Confesseur, la tragédie personnelle de Richard II, qui périt sous les coups d'un tueur à la solde de son cousin, le duc de Bolingbroke, lequel lui succède sous le nom d'Henri IV. Richard II est enterré dans l'abbaye au côté de sa femme, Anne de Bohême. La littérature se confond ici intimement avec la réalité impitoyable de l'histoire : au personnage shakespearien de Richard répondent les inquiétudes et les remords d'Henri, subtil homme d'État que tourmentent à son tour les difficultés du pouvoir et les ombres surgies du passé. S'il ne tient pas la promesse qu'il avait faite de prendre la tête d'une croisade en vue d'expier ses crimes, il accomplit de façon saisissante une ancienne prophétie qui le faisait mourir dans la cité sacrée en rendant l'âme dans la *Jerusalem Chamber* de l'abbaye. Shakespeare fera le récit de cette mort dans sa célèbre tragédie.

A la veille de son couronnement, Henri V, peut-être le plus populaire des souverains anglais, est saisi d'angoisse. Afin d'éviter un rapprochement sinistre avec Richard II, il avait fait ensevelir son père non à Westminster mais à Canterbury. Après avoir remporté une brillante victoire sur les Français à Azincourt, il meurt en France à l'âge de trente-cinq ans : son frère proclamera, avec tristesse et orgueil, qu'il était trop grand pour vivre longtemps. Un somptueux cortège funèbre mettra deux mois pour conduire son corps à Westminster en 1422.

Chaucer, premier « homme du commun » dans le sanctuaire des rois

C'est en l'an 1400 qu'est enterré dans le transept sud de l'église le corps de Geoffrey Chaucer, un des tout premiers hommes du commun à trouver là sa demeure éternelle et le premier poète à bénéficier d'un honneur aussi insigne. (Ce transept deviendra au fil des ans le *Poets' Corner,* le « coin des poètes », l'un des lieux les plus caractéristiques de l'abbaye.) Curieusement, c'est moins à son talent de poète qu'à sa qualité de pensionnaire de l'abbaye que Chaucer doit d'y être enterré : il y vécut en effet les dernières années de sa vie et acheva la rédaction de ses *Contes de Canterbury* dans la bâtisse sur l'emplacement de laquelle a été construite par la suite la chapelle d'Henri VIII. Il faudra attendre l'époque élisabéthaine pour que les poètes soient inhumés en tant que tels dans le mausolée national.

Le règne d'Élisabeth met fin à l'une des périodes les plus mouvementées de l'histoire de l'Angleterre. La guerre de Cent Ans est à peine finie qu'éclate la guerre des Deux-Roses. C'est au cœur de ce sanglant conflit que se situe le dramatique épisode du couronnement de l'usurpateur Richard III. A l'origine, la cérémonie avait été organisée pour le tout jeune Édouard V, que son oncle, le duc d'York, retenait prisonnier dans la Tour de Londres. Au dernier moment, l'oncle se substitua au neveu et reçut la couronne à la place de l'héritier légitime, au cours d'une cérémonie hâtive et fastueuse, qui constitua un véritable coup d'État. Édouard fut assassiné dans la Tour, et Richard III disparut en 1485 sur le champ de bataille de Bosworth.

La guerre civile prend fin avec l'avènement d'Henri VII, fondateur de la dynastie des Tudors, qui sera discrètement couronné à Westminster, en dépit des prétentions de Canterbury à devenir le lieu du sacre. Il s'agit là d'un nouveau tournant capital dans l'histoire de l'Angleterre et dans celle de l'abbaye de Westminster : le successeur d'Henri VII sera le célèbre Henri VIII, dont les déboires conjugaux vaudront au pays d'adhérer à la Réforme.

Henri VIII est couronné solennellement à Westminster, qui s'enrichit à cette époque de la chapelle monumentale destinée à recevoir les corps du roi défunt et de son épouse. Aussi longtemps que le nouveau monarque reste fidèle à l'Église romaine, il prend soin d'accroître le prestige et l'importance de l'abbaye. En 1515, il remet en grande pompe son chapeau de cardinal à Thomas Wolsey, le dernier des grands prélats de l'Angleterre médiévale, qui, après avoir été l'un des personnages les plus influents du royaume, ne devra qu'à la maladie et à la mort d'échapper à un procès pour haute trahison. La disparition de Wolsey ouvre la porte à la rupture avec Rome. La Réforme sera plus dure pour les moines de Westminster que pour l'abbaye elle-même : les premiers perdront tout crédit et devront quitter les lieux, tandis que la seconde, érigée en cathédrale royale, sera confiée à un évêque et à un doyen.

Outre sa fonction religieuse, l'abbaye avait toujours rempli une fonction civile.

Avec l'essor d'une religion tout entière contrôlée par le souverain, elle se trouve en quelque sorte sécularisée et devient une véritable institution d'État.

Tandis que l'on bannit le catholicisme et que Thomas More monte sur l'échafaud, Westminster connaît une période de gloire. L'organisation traditionnelle disparaît. Les moines sont exilés, jetés en prison, voire exécutés s'ils font mine de résister ouvertement à la Réforme. On élimine de la cathédrale toutes les images considérées comme idolâtres, et le tombeau d'Édouard le Confesseur lui-même ne sera pas épargné. Les moines doivent renoncer officiellement à l'abbaye et s'incliner devant l'inéluctable. La bibliothèque est dispersée, tandis que les anciens missels sont progressivement adaptés à la nouvelle liturgie.

Henri VIII est enterré à Windsor. Préoccupé par sa succession, il a tout fait pour que son fils, âgé de neuf ans, soit sacré roi rapidement. Malade, le jeune Édouard VI, fils de Jane Seymour, tient à peine sur ses jambes lors de l'interminable cérémonie qui, en 1547, se déroule sous les voûtes de Westminster, dans une atmosphère sombre et tendue. Il mourra six ans plus tard. Son corps repose près de celui de son grand-père, Henri VII, dans la superbe chapelle Renaissance (construite par Pierre Torrigiano) qui subira plus tard les assauts iconoclastes des puritains. C'est à l'occasion des obsèques du jeune roi qu'on utilise pour la première fois le nouveau livre de prières prescrit par la religion réformée.

Marie Tudor — Marie la Catholique, ou Marie la Sanglante, comme l'ont nommée les protestants —, femme de Philippe d'Espagne, reçoit sa couronne dans une abbaye de Westminster qu'elle juge profanée. Craignant que l'huile sainte n'ait perdu son pouvoir et que le fauteuil du couronnement ne soit plus sacré, elle fait laver à grande eau toutes les chapelles et se fait envoyer une huile nouvelle (fournie par l'évêque d'Arras) et un nouveau trône béni par le pape. Elle fait également remettre en état le sanctuaire d'Édouard le Confesseur, rouvre le monastère aux bénédictins et de nouveau fait célébrer la messe en latin. Cette restauration du catholicisme ne dure que peu de temps : après avoir impitoyablement pourchassé les protestants, Marie Tudor ne survit pas à la perte définitive de la place forte de Calais.

Quand elle monte à son tour sur le trône, à l'âge de vingt-cinq ans, Élisabeth fait disparaître toute trace du catholicisme. L'abbé Feckenham, qui n'accepte pas la nouvelle liturgie, est invité à se soumettre. La souveraine lui fit des grâces, mais, au dire de certains témoins, ce digne religieux préféra rester dans son jardin à planter des ormes, plutôt que d'obtempérer aux ordres de la reine. Les bénédictins quittent de nouveau l'abbaye, cette fois pour n'y jamais revenir : Élisabeth vient en effet d'annoncer que « par l'inspiration de la clémence divine, de la vraie religion, ce monastère doit être réformé et rendu à sa vocation initiale de véritable et fraternelle sincérité ».

Westminster, centre de rayonnement culturel

Avec la charte signée par Élisabeth en 1560, un document qui va régir la vie de l'abbaye jusqu'à nos jours, Westminster fait son entrée dans les temps modernes et se voit conférer des devoirs et des prérogatives prestigieuses. Elle devient notamment un grand foyer de rayonnement culturel. L'école de Westminster est élevée à la qualité de Westminster College et devient, avec la Christ Church d'Oxford et la Trinity Church de Cambridge, l'un des centres d'étude les plus importants du royaume.

Les ordres religieux sont tous sécularisés, et l'évêque, comme le doyen, sont désormais choisis parmi des savants de grand renom. Les bâtiments subissent au même moment d'importantes transformations : au début du XVIIe siècle, l'influent abbé Islip lance la construction des deux tours occidentales. Élisabeth peut donc se faire couronner dans une abbaye qu'elle a le sentiment d'avoir régénérée.

Dès le XVe siècle, le célèbre imprimeur William Caxton, qui est le premier à avoir publié des ouvrages en langue anglaise, avait installé ses ateliers dans l'enceinte de l'abbaye. Au cours des décennies ultérieures, la vocation culturelle de cette dernière ne cesse de s'affirmer. L'école de Westminster compte bon nombre d'élèves illustres, parmi lesquels on relève le nom de Ben Jonson. La place prééminente accordée aux arts et aux lettres suffit à justifier la transformation du transept sud en *Poets' Corner.* En 1599, Edmund Spenser, l'un des plus grands poètes anglais, auteur de *La Reine des fées,* y est enseveli. Le même honneur est accordé quelques années plus tard à Ben Jonson, mais, en gravant son épitaphe, l'artisan (distrait ou peu averti des choses littéraires) commet l'irréparable erreur d'ajouter à son nom un h fort importun : *O rare Ben Johnson!* (Ô extraordinaire Ben Jonson!). Bientôt, Drayton, puis Beaumont reposent à leur tour sous les dalles de la cathédrale. Manque à l'appel William Shakespeare, auquel les milieux littéraires et politiques de son temps ne conçoivent pas d'accorder quelque faveur particulière. C'est là l'un des paradoxes majeurs de Westminster que de ne pas abriter le corps du plus célèbre des auteurs anglais.

Les funérailles d'Élisabeth, ensevelie dans l'abbaye un mois après sa mort, en 1603, se déroulent dans un climat d'une grande intensité dramatique. Les témoins de la cérémonie sont unanimes pour lui reconnaître le caractère d'un événement sans précédent. Aussi étonnant que cela puisse paraître, Élisabeth repose aux côtés de sa sœur Marie, qui la haïssait et la persécutait. Une même inscription en latin les réconcilie dans l'au-delà : *Regno consortes et urna, hic obdormimus Elizabetha et Maria sorores, in spe resurrectionis* (« Unies dans le règne et dans la tombe, nous dormons ici, Élisabeth et Marie, sœurs, dans l'espérance de la Résurrection »). Le successeur d'Élisabeth, Jacques Ier, achève en 1612 cette singulière œuvre de réconciliation : il prend une éclatante revanche en faisant transférer à Westminster la dépouille de sa mère, Marie Stuart, décapitée sur ordre d'Élisabeth.

Une nouvelle épidémie de peste ravageant Londres, lui-même se fait couronner à la hâte et, sitôt la cérémonie terminée, gagne rapidement Windsor, puis Winchester dans l'espoir d'échapper à la terrible maladie. Hélas! il est trop tard : celle-ci décimera impitoyablement sa cour et tuera 35 000 Londoniens.

Le premier des Stuarts a reçu sa couronne des mains d'un abbé qui sera promu doyen et connaîtra la gloire. Il s'agit de Lancelot Andrewes, l'une des plus grandes figures de la littérature anglaise au début du XVIIe siècle (on lui doit la première « version autorisée » de la Bible en langue anglaise). Après le couronnement, Andrewes se retire à Chiswick avec ses collaborateurs et se livre à de nombreuses observations sur la nature, les champs, le bétail et l'eau de la Tamise, observations qui lui apportent joie et réconfort. Les nouvelles sciences naturelles, illustrées par l'épistémologie baconienne, ont atteint Westminster.

Le triomphe de la musique

Dans les années qui précèdent la révolution puritaine, Westminster connaît une intense activité artistique, notamment dans le domaine musical. Roland Gibbons, l'organiste de l'abbaye, est l'un des plus grands compositeurs de son temps, et la tradition de qualité qu'il inaugure se maintiendra jusqu'à la fin du siècle (le célèbre Henry Purcell, l'un des plus grands musiciens anglais, tiendra, entre autres, les orgues de la cathédrale).

Pourtant l'abbaye vit toujours des heures sombres : dans la prison de Gatehouse est enfermé Sir Walter Raleigh, poète, homme politique, découvreur de la Virginie et favori d'Élisabeth, dont Jacques Ier a juré la perte. Assisté du doyen de l'abbaye, Raleigh monte sur l'échafaud avec une grande dignité. Sa mort stoïque couronne une carrière toute d'ombre et de lumière.

Le second des Stuarts, Charles Ier, sera décapité à son tour sur ordre de Cromwell. La vague de puritanisme fanatique n'épargne pas la cathédrale. Enivrés d'un zèle iconoclaste, les hommes du Lord-Protecteur s'acharnent sur les monuments, jugés trop voyants et trop païens, et la chapelle d'Henri VIII n'échappe pas à leur fureur dévastatrice. Les troupes de Cromwell campent littéralement dans l'abbaye, provoquant des dégâts irréparables : en 1643, deux compagnies prennent leurs quartiers dans la cathédrale, brûlant les ornements d'autel et mettant en pièces les orgues, dont elles vendent les tuyaux en échange de confortables provisions de bière. La propagande anti-Cromwell a crédité ses soldats de bien d'autres méfaits, comme d'avoir transformé l'abbaye en mauvais lieu, mais il faut considérer ces informations avec prudence.

Conséquence de ces événements, Westminster perd sa prééminence dans le domaine culturel. Le chef-d'œuvre littéraire de l'époque, *Le Paradis perdu,* de John Milton, ne devra rien à la célèbre abbaye, dont l'activité se réduit à quelques manifestations quasi clandestines, ainsi qu'à des réunions organisées par les puritains, qui ont imposé les règles calvinistes.

Animée par des autorités à la fois conservatrices et réalistes, Westminster reprend vie sous la Restauration, non sans que cette renaissance donne lieu à quelques règlements de compte. Le doyen Sprat s'efforce d'effacer jusqu'au souvenir de Milton, auquel ne sera accordée — bien plus tard — qu'une simple inscription à Westminster. Ainsi, pour des raisons différentes, la cathédrale n'abritera jamais les tombeaux des plus grands écrivains britanniques : Shakespeare et Milton.

Par son faste et sa pompe, le couronnement de Charles II symbolise de toute évidence la revanche de la monarchie absolue, ce qui n'est pas pour déplaire aux hautes autorités de l'abbaye, qui y trouvent une compensation aux humiliations subies sous Cromwell et ne dissimulent pas leur sympathie pour les *tories*. Une fois de plus, l'histoire et la littérature sont étroitement confondues : les récits les plus pénétrants et les plus colorés du couronnement sont dus à la plume de deux grands écrivains de l'époque, Samuel Pepys et John Evelyn. L'histoire semble faire un retour en arrière : en expulsant de Westminster le corps de Cromwell, l'Angleterre tente d'effacer jusqu'au souvenir du Lord-Protecteur, et l'archevêque Juxon, qui préside la cérémonie du sacre, n'est autre que le prêtre qui a assisté Charles Ier sur l'échafaud.

La Restauration repose cependant sur des bases fragiles, et cet équilibre précaire se brise avec Jacques II, frère et successeur de Charles II. Celui-ci était mort subitement, en s'excusant d'un acte aussi déloyal et déraisonnable de la part d'un gentilhomme. Son frère avait obtenu de lui qu'il se convertît au catholicisme. Les obsèques eurent lieu presque furtivement, de nuit, en présence du nouveau souverain et de quelques pairs du royaume. La dépouille mortelle de Charles II repose dans la chapelle d'Henri VII, à quelques pas seulement de ceux de ses enfants qui l'avaient précédé dans la mort. En raison de l'attachement du roi au catholicisme et de son mariage avec une princesse italienne de la même religion, le couronnement de Jacques II est réduit à sa plus simple expression. La partie centrale de la cérémonie, la communion, a été supprimée, et le roi assiste, distant et glacial, à l'ensemble de l'office, tandis que sa femme y prend part dévotement.

Pendant la préparation du sacre, un événement imprévu s'était produit : le jour même où le duc de Montmorency, prétendant protestant à la couronne, débarque sur la côte anglaise (ayant pris la tête d'une révolte armée, il échouera et sera décapité), une grosse poutre tombe sur le monument funéraire d'Édouard le Confesseur et le brise. Un choriste en retire un crucifix et une chaîne, qu'il remet, avec l'accord du doyen de la cathédrale, à Jacques II, lequel ne s'en séparera plus (si l'on en croit ses *Mémoires,* il emportera même en exil ces précieuses reliques).

L'année 1688 est une année cruciale, marquée par la chute de Jacques II et l'avènement de Guillaume d'Orange, qui a débarqué en Angleterre, comme Guillaume le Conquérant quelques siècles plus tôt. Le nouveau roi met en place une monarchie constitutionnelle qui sera consolidée plus tard par la dynastie de Hanovre. Guillaume d'Orange est conscient du fait que la faille qui séparait le roi catholique du clergé anglican ne peut être comblée : Jacques II a poussé la maladresse jusqu'à faire bâtir à Whitehall une chapelle catholique, dont il a confié la construction à Christopher Wren (architecte de la cathédrale Saint Paul et des tours de Westminster, celui-ci a également reconstruit Londres après le grand incendie de 1666).

En conséquence, Guillaume d'Orange devrait être le bienvenu à Westminster. Il n'en est rien. Le puissant doyen de l'abbaye, Thomas Sprat, homme de lettres doublé d'un conservateur rigide, ne voit pas la « Glorieuse Révolution » d'un œil favorable. Sa position ambiguë sur le plan politique le mettra d'ailleurs en difficulté à la veille de sa mort (1710), bien qu'il ait conservé son poste jusqu'à cette date.

Le couronnement de Guillaume III et de Marie II, fille de Jacques II, va pâtir des dissensions qui existent au sein du haut clergé et de l'épiscopat anglican. Evelyn, toujours lui, rapporte que le sacre fut morne en raison de l'absence de la plupart des ecclésiastiques qui auraient dû y officier, ajoutant qu'il manquait aussi « nombre de seigneurs et de grandes dames ». Sur la cérémonie pèse également le douloureux souvenir de la peste de 1664, qui a fait 60 000 victimes (Daniel Defoe l'évoquera de façon saisissante, au XVIIIe siècle, dans son *Journal de l'année de la peste*), et du grand incendie de 1666, qui a jeté à la rue quelque 100 000 personnes.

A la fin de 1694, une épidémie de variole fait encore de nouvelles victimes, parmi lesquelles figure la très populaire reine Marie. Une foule immense assiste à ses funérailles, massée sur le parcours du cortège jusqu'à l'abbaye, où résonne la superbe musique qu'Henry Purcell a composée pour la circonstance. L'année suivante, cette même musique accompagnera les obsèques du compositeur (mort à trente-quatre ans) dont le corps sera inhumé dans l'abbaye. « Ci-gît Henry Purcell — peut-on lire sur l'épitaphe — qui a laissé cette vie pour se rendre dans un lieu béni, le seul où son harmonie soit dépassée. »

Guillaume rend son âme à Dieu en 1702, après avoir remporté toute une série de brillantes victoires sur le plan militaire et sur le plan politique. Conformément à sa volonté, l'Angleterre lui fera des funérailles très simples. Il repose aux côtés de sa femme dans la chapelle d'Henri VII.

Anne, sœur de la reine Marie, lui succède sur le trône. La nouvelle souveraine souffrant d'une crise de goutte, qui lui interdit pratiquement l'usage de ses jambes, le sacre se déroule également dans la plus grande simplicité.

Au milieu de ses souffrances, sans doute se rappelle-t-elle les propos que sa sœur, la reine Marie, lui avait tenus quelques années plus tôt, le jour de son propre sacre. A sa jeune sœur, qui s'inquiétait des fatigues du couronnement, Marie avait superbement répliqué : « La couronne, ma sœur, n'est pas aussi lourde qu'elle en a l'air. »

Le panthéon de l'esprit

Bien que le clergé de Westminster subisse plus qu'il ne l'accepte la monarchie constitutionnelle des souverains hanovriens (un personnage aussi cultivé que le doyen Francis Atterbury sera poursuivi en justice et condamné à l'exil pour haute trahison dans des circonstances restées obscures), le XVIIIe siècle est une période brillante dans l'histoire de l'Angleterre et dans celle de l'abbaye. Tout en demeurant le lieu de couronnement et de sépulture des monarques, Westminster accueille désormais les dépouilles mortelles de tout ce que le pays compte de gloire officielles. Des contestataires comme Jonathan Swift n'y trouvent pas place. D'autres, comme Alexander Pope, ne manifestent pas le désir d'y accéder. Ce dernier est enseveli dans sa paroisse de Twickenham, sous une simple dalle de marbre blanc où l'on peut lire ces mots : « Pour celui qui ne voulut pas être enterré à Westminster. » Pope a pris le soin de rédiger lui-même son épitaphe : « Héros et rois, gardez vos distances! »

Bien que le Grand Siècle soit marqué par nombre de rivalités et d'intrigues, l'abbaye n'en devient pas moins un panthéon national, ce qu'un visiteur des plus prestigieux, puisqu'il s'agit de Voltaire, lui reconnaît volontiers.

Dès le XVIe siècle, l'abbaye avait accueilli des morts illustres (Ben Jonson et le poète Abraham Cowley), et depuis 1700 le dramaturge John Dryden, qui pourtant avait embrassé la foi catholique, y reposait aux côtés de Chaucer. Désormais, le cercle s'élargit. Les hommes de guerre font leur entrée à Westminster (ainsi du duc de Marlborough, le type même du condottiere, dont les obsèques seront une véritable apothéose), suivis de savants, tel Isaac Newton, dont le corps sera solennellement exposé dans la *Jerusalem Chamber.* Les hommes politiques ne sont pas absents : les deux Pitt et Charles Fox y voisinent avec des auteurs de théâtre (comme William Congreve, une gloire de la comédie sous la Restauration, ou John Gay, à qui l'on doit *L'Œuvre des mendiants*), et des comédiens, dont David Garrick, l'inoubliable interprète de Shakespeare. L'abbaye s'orne également d'épitaphes flatteuses dédiées à des personnages enterrés ailleurs, du romancier Oliver Goldsmith à Haendel en passant par le célèbre portraitiste Godfrey Kneller, qui avait eu l'imprudence de déclarer à Pope que « seuls les idiots finissaient à Westminster ».

Les épitaphes constituent un élément fondamental de l'abbaye. Certaines sont solennelles et émouvantes. Ainsi de celle qu'Alexander Pope a composée pour son ami John Gay :

Doué d'un esprit inné qui tempère le dédain vertueux, / Formé pour amuser tes contemporains en même temps que pour les fustiger, / Resté pur même au milieu des Grands, / Compagnon fidèle et ami délicat, / Estimé pendant toute ta vie et regretté à ta mort, / Ta gloire n'est pas que ton buste voisine avec les héros et que ta poussière se confonde avec celle des rois, / Mais que les bons et les justes s'exclament, / en se frappant la poitrine : « Ci-gît Gay. »

Le distique moqueur rédigé par Gay lui-même fait écho à ces accents lyriques :

La vie est une plaisanterie, tout le démontre.
Je le pensais, maintenant je le sais.

C'est à cette époque que seront achevées les deux tours qui donnent son aspect moderne à la façade ouest de l'abbaye. Westminster devient véritablement synonyme d'apothéose nationale, au point qu'à deux reprises, à la veille de livrer des batailles aussi décisives qu'incertaines, Nelson va s'écrier : « La victoire, ou l'abbaye de Westminster ! » Pourtant, ironie du sort, le grand marin britannique n'est pas enterré dans l'abbaye, où seule une statue de cire témoigne de sa gloire.

Cet honneur sera également refusé à Lord Byron, le plus grand des poètes romantiques anglais, à cause de sa vie dissolue (il avait d'ailleurs toujours laissé clairement entendre qu'il ne souhaitait pas figurer parmi les morts illustres de Westminster). A en croire les notables de l'abbaye, il n'existait pourtant aucun empêchement de principe à ce que quiconque fût enterré dans la cathédrale, à condition toutefois de respecter certaines limites. C'est ainsi qu'ils ne soulevèrent aucune objection lorsqu'il s'agit d'y enterrer l'écrivain Aphra Behn, une femme dont les mœurs étaient pour le moins relâchées. En revanche, les autorités ecclésiastiques s'alarmèrent au XVIIe siècle lorsqu'il fut question d'y inhumer un gentilhomme poursuivi par sa réputation de séducteur et qui avait été tué par le mari d'une de ses maîtresses, et s'y opposèrent avec la plus grande fermeté.

Mais l'atmosphère somnolente de l'abbaye dans les premières années du XIXe siècle laisse déjà présager des restrictions qu'imposera la rigide morale victorienne. Cette époque sera néanmoins marquée par la personnalité du doyen Arthur Stanley, probablement la figure la plus remarquable de Westminster au cours du XIXe siècle. C'est à cet homme libéral que Charles Darwin, qui s'était attiré les foudres du monde entier en publiant *De l'origine des espèces* — ses ouvrages avaient été censurés et il s'était vu interdire d'enseigner ses théories évolutionnistes —, doit d'y avoir sa sépulture. Il en est de même pour le pianiste Muzio Clementi, qui repose dans l'abbaye malgré sa nationalité étrangère et malgré le fait qu'on l'ait souvent accusé de trop confondre l'art et les affaires.

Plus encore que les époques précédentes, l'ère victorienne se reflète intensément, avec ses préjugés et ses enthousiasmes, dans l'histoire de Westminster. La poésie y est représentée par Alfred Tennyson, le plus victorien des poètes. Des obsèques particulièrement grandioses seront faites à Richard Sheridan, écrivain et homme politique mort en 1816. Des représentants des plus grandes familles britanniques tiennent les cordons du poêle, alors que Sheridan est mort dans le dénuement le plus extrême, sans qu'un seul de ses riches admirateurs ait fait le moindre geste pour lui venir en aide. Charles Dickens, l'un des plus fameux et peut-être le plus aimé des écrivains anglais, avait exprimé le désir d'avoir une tombe modeste. Et voilà que le *Times,* qui n'avait jamais cessé de le fustiger de son vivant, entreprit d'organiser ses funérailles : une fosse fut creusée à l'aube à Westminster, devant laquelle défilèrent des milliers de personnes soucieuses de rendre un dernier hommage à un homme qu'elles appréciaient. Au centre de la nef est enterré David Livingstone, le fameux explorateur. Enfin, un monument célèbre la gloire de Keats et de Shelley, les Dioscures de la poésie romantique.

Les sacres, tous différents bien que restant respectueux de la tradition, constituent les événements les plus importants de l'histoire de Westminster. « Quel est le plus beau spectacle du monde? » s'interroge l'écrivain et esthète Horace Walpole. « Un sacre... De quoi parle-t-on le plus? D'un sacre! Si un spectacle de marionnettes vaut un million, c'est bien alors ce que vaut un sacre!... » Ces propos ironiques lui ont été inspirés par le sacre de Georges II, qui avait voulu marquer par une cérémonie grandiose tout ce qui le séparait de son père, Georges Ier, le premier roi de la dynastie de Hanovre, qui ignorait la langue anglaise et s'entretenait en français avec ses ministres. Ce Georges Ier que Robert Walpole (le père de l'écrivain) se vantait de pouvoir diriger « avec du mauvais latin et un bon "punch" ».

L'atmosphère du couronnement, au début bien sombre, s'anime bientôt, grâce aux excentricités du duc de Newcastle, qui fait semblant de s'évanouir d'émotion. L'archevêque vole à son secours et lui tend des sels. Et le duc, tout ragaillardi, de courir de droite et de gauche, le monocle vissé sur l'œil, pour contrôler les présences et noter les absences, avant de reprendre sa place en dérangeant ses voisins. Pour ajouter du piment à l'affaire, deux dames, connues pour avoir été les maîtresses du roi défunt, ont demandé au doyen de faire partie du cortège, où ne figurent traditionnellement que des hommes qui chantent les louanges du nouveau monarque. « Tout a été extrêmement agréable — conclut Horace Walpole —, mais ce qu'il y a de meilleur, c'est que c'est fini ! »

Le roi nu

Le comble du grotesque est atteint en 1821 avec le couronnement de Georges IV, qui clôt ce que l'on nomme communément l'ère georgienne. Le roi est marié à sa cousine Caroline, une princesse allemande pour le moins originale, qu'il a pris l'habitude de battre épisodiquement. L'opposition de gauche tire profit de cette mésentente conjugale et prend parti en faveur de la reine, dont elle fait une victime. Prenant prétexte du comportement peu digne de son épouse, Georges IV décide de l'exclure de la cérémonie du sacre. Comme il le craignait, toutefois, Caroline tente, mais en vain, de s'imposer. Le gros roi, écrasé de fatigue et de chaleur, transpire à grosses gouttes tout au long de l'office. Il s'essuie le visage avec une ribambelle de mouchoirs, qu'il tend ensuite au primat d'Angleterre assis à ses côtés. Quand, enfin, il peut se retirer dans une pièce attenante, c'est, selon des témoins dignes de foi, pour se jeter sur un divan, tout nu, sa couronne sur la tête. L'histoire de Westminster n'est pas faite que d'événements sublimes !

Logiquement, le couronnement de la reine Victoria devrait êre le symbole de l'ère à laquelle la souveraine a donné son nom. Il n'en est rien. Par un curieux mélange de comique involontaire et de sérieux, la cérémonie qui se déroule le 28 juin 1838 paraît tout droit sortie de quelque roman de Dickens. Depuis l'aube, une foule immense s'est massée aux abords de la cathédrale, dans laquelle prennent place les invités de marque. Trop vieux et malade, le doyen ne peut pas officier, mais tous les chanoines sont présents. Des chœurs d'enfants vêtus de rouge entonnent des cantiques. La cérémonie dure huit bonnes heures. Malheureusement, on a omis de procéder à une répétition. L'archevêque, qui souffre de surdité, oublie parfois son tour dans les répons, puis prend tout le monde de vitesse en sautant inopinément deux pages de son missel. L'anneau du sacre est trop étroit et l'officiant, dans son désir de bien faire, blesse la reine en le lui passant au doigt. Un vieux pair du royaume s'emmêle dans son habit compliqué et dévale les marches jusqu'aux pieds de la souveraine. Dans la chapelle d'Édouard le Confesseur, où l'archevêque doit remettre solennellement le globe à la nouvelle reine, un buffet a été dressé pour les invités : furieuse, Victoria s'empare du globe sans attendre que le prélat le lui donne, plongeant le malheureux ecclésiastique dans le plus grand embarras. Disraeli, l'homme d'État romancier, notera dans son *Journal* que le Premier ministre, Melbourne, avait l'air particulièrement grotesque avec son chapeau de travers et qu'il brandissait l'épée « comme un boucher ». Il n'en reste pas moins que le sacre de Victoria offre à la très bourgeoise Angleterre le cachet de respectabilité qui lui permet de dissimuler ses incertitudes et ses interrogations. La très dure « loi des pauvres » vient d'être promulguée, la revendication chartiste est sur le point d'exploser et dix ans seulement séparent le sacre de la publication du *Manifeste du parti communiste.*

En 1887, c'est encore à Westminster que Victoria, parée depuis 1876 du titre d'impératrice des Indes, célébrera ses cinquante ans de règne. La cérémonie se renouvellera dix ans plus tard, lors de son second jubilé, qui se déroulera dans un climat de grande ferveur populaire et pour lequel Rudyard Kipling, chantre de l'empire britannique, composera une prière.

A l'avènement d'Édouard VII, le style du nouveau roi confirme ses sujets dans l'idée qu'avec la mort de Victoria — à qui on a fait des funérailles grandioses — un monde vient de disparaître, ce monde qui va définitivement basculer après la Première Guerre mondiale, même si l'Empire lui survit jusqu'au lendemain du second conflit qui, au XXe siècle, va ensanglanter le monde. La royauté s'entourant de moins de pompe, Westminster se transforme peu à peu en musée. Après Rudyard Kipling et Thomas Hardy, seuls des auteurs officiels auront une sépulture dans l'abbaye. Yeats, Elliott et Joyce, les plus grands écrivains anglais du XXe siècle, n'auront pas cet honneur, pas plus que Winston Churchill, dont les obsèques se dérouleront pourtant dans la cathédrale. Le dernier grand écrivain à prendre place dans le *Poets' Corner* sera Robert Browning, dont la dépouille a été rapatriée d'Italie. Il repose aux côtés de Tennyson, qui avait jugé son œuvre de peu d'intérêt. En 1905, enfin, le dernier monstre sacré du théâtre anglais, l'acteur shakespearien Henry Irving, y fera son entrée; il est inhumé près de Garrick.

Rappel symbolique de son rôle historique, l'abbaye fut gravement endommagée en 1940 et 1941 par les raids aériens. La restauration des lieux demanda plusieurs années, mais en 1953 la cathédrale était prête pour le couronnement d'Élisabeth II; neuf cents ans après la consécration de l'abbaye, la nouvelle reine porta des roses rouges au sanctuaire d'Édouard le Confesseur. Cette fois encore, le sacre avait été précédé d'une curieuse aventure, qui n'était pas sans rappeler un passé dramatique : le 25 décembre 1950, six cent cinquante ans après avoir été placée dans la cathédrale, la « pierre de Scone » disparut mystérieusement. Elle avait été volée par trois jeunes Écossais, qui la conservèrent précieusement par devers eux, avant de se décider à la remettre à l'abbaye d'Arbroath, en Écosse.

Au fil des siècles, bien qu'elle conserve ses caractéristiques et son rôle, Westminster s'est intégrée progressivement dans un complexe plus vaste qui constitue le foyer de la vie politique anglaise (en témoigne la proximité du palais du Parlement). Fidèle à sa double tradition religieuse et patriotique, l'abbaye abrite le tombeau du Soldat inconnu, choisi sur le continent en 1920 parmi des milliers de morts inconnus, mais aussi les drapeaux de divers régiments, notamment celui de la Royal Air Force, qui, en remportant la bataille d'Angleterre, conjura définitivement le péril de l'invasion nazie.

Parce qu'elle doit beaucoup, sur le plan artistique, à l'influence de l'Europe continentale, Westminster donne à réfléchir à ceux qui prévilégient le concept de culture nationale autochtone. Elle témoigne, en effet, de l'assimilation d'apports nombreux et disparates, assimilation qui n'est qu'une facette de ce cosmopolitisme exalté par Joseph Addison — qui, il convient de le souligner, repose près de la chapelle d'Henri VII — dans une page classique du *Spectator*. Westminster symbolise la permanence des traditions dans un pays qui connut une révolution sanglante bien avant la France et qui, contre vents et marées, est resté obstinément fidèle à ses institutions, fussent-elles anachroniques. L'originalité de l'abbaye par rapport à d'autres édifices comparables (celle de Saint-Denis, par exemple) réside dans le fait qu'elle n'est liée à aucune époque déterminée. Dépositaire des legs successifs des classes dirigeantes, elle est devenue, au fil des siècles, un instrument de consensus avant de s'imposer comme un patrimoine commun.

Abbaye de Westminster : clef de voûte.

Description et chronologie

La collégiale Saint-Pierre de Westminster — telle est la dénomination officielle de l'« abbaye » — est l'un des témoignages les plus éclatants de l'architecture gothique anglaise.
Un ancien monastère bénédictin du VIIIe siècle, le monastère de l'Ouest *(West Minster),* situé dans l'île de Thorney (sur la Tamise), est sans nul doute à l'origine de l'édifice actuel. C'est en 1065 qu'Édouard le Confesseur fit consacrer la première abbatiale, qu'il avait fait édifier sur l'emplacement de l'ancien monastère, près de sa résidence. Seuls quelques rares vestiges des premières constructions saxonnes et normandes subsistent dans les fondations des bâtiments qui jouxtent la partie sud du transept de l'abbatiale gothique. Celle-ci fut en effet entièrement reconstruite à partir de 1245, sur ordre d'Henri III, qui souhaitait que la nouvelle église fût plus monumentale et plus fastueuse.
Les goûts « continentaux » du souverain, le fait que le maître d'œuvre — un certain Henry of Reyms — fût d'origine française expliquent que le nouvel édifice, consacré en 1269, doive beaucoup au style gothique tel qu'il s'épanouissait alors outre-Manche.
Les absides, le transept et les premières travées de la nef remontent au XIIIe siècle. L'abbaye, construite suivant un plan en forme de croix latine, comporte un vaste transept, un chœur, une abside polygonale à déambulatoire et des chapelles rayonnantes.
L'édifice ne sera achevé qu'à la fin du XVe siècle et au début du XVIe siècle, une fois terminées les sept dernières travées et jetées les fondations des deux tours principales.
C'est dans les premières années du XVIe siècle également que Westminster s'enrichit de la chapelle d'Henri VII, véritable chef-d'œuvre du gothique tardif, édifiée sur l'emplacement d'une chapelle consacrée à la Vierge *(Lady Chapel).* La façade ouest (ci-contre, peinte par Canaletto) fut terminée au XVIIIe siècle par l'architecte Hawksmoor, suivant les indications de Christopher Wren.

Deux aspects du côté sud de l'abbaye de Westminster. A remarquer (ci-contre) le puissant ensemble de contreforts et d'arcs-boutants qui sert à contenir la formidable poussée que le système portant de l'édifice gothique (formé par les piliers de nef et les croisées d'ogives) exerce sur les murs extérieurs. Sur cette façade sud, on peut également admirer le « petit cloître », orné d'élégants quadrilobes, qui au niveau du bras du transept (ci-dessous) est presque entièrement noyé dans les dépendances.

P. 22-23 : la façade ouest, de style gothique, de l'église abbatiale (XVIIIe s.). L'axe longitudinal de l'édifice est orienté est-ouest. Les trois parties de la façade reflètent la division interne en trois nefs. Les puissantes tours — encadrées de contreforts — qui abritent les cloches présentent la même largeur que les nefs latérales. Tant sur le plan visuel que sur le plan architectural, elles « contiennent » la grande nef centrale, à laquelle correspond sur la façade une vaste ogive vitrée.

Soutenue par un système complexe de membrures, qui partent en faisceaux des piliers pour s'élever jusqu'aux arcs aigus et aux croisées d'ogives, la nef centrale (ci-dessous) s'élance vers le ciel avec une rare puissance.
Du bas vers le haut, ses murs se divisent en trois parties. Le niveau inférieur comporte les piliers et les arcs qui soutiennent la voûte, arcs enjolivés d'une étonnante marqueterie de pierres bicolores. Au-dessus des nefs latérales court une tribune à claire-voie,

qui s'ouvre sur la nef centrale par des fenêtres à double ogive délicatement sculptées. Enfin, la partie supérieure du mur correspond au clerestory *(de* clear, *clair, et* story, *étage), dont les larges ouvertures ogivales assurent l'éclairage de la nef centrale, auquel concourt également le magnifique vitrail (détail ci-contre) qui enlumine la façade; dessiné par Sir James Thornhill au début du* XVIIIe *siècle, il a été réalisé par Joshua Price.*

LEVI
JUDAH
ZEBULUN
ISSACHAR
BENJAMIN
MOSES

Deux vues de la nef centrale à la hauteur du chœur « rituel », entièrement reconstruit au XIXe siècle, sur l'emplacement des deux chœurs, beaucoup plus petits, qui s'y sont succédé au Moyen Age. Le second, détruit en 1774, fut réaménagé par Keene, puis de nouveau démoli. La clôture très ouvragée, de style néogothique, est l'œuvre du conservateur Blore (1830). L'accès principal est flanqué de deux niches abritant les monuments funéraires d'Isaac Newton (à gauche) et de Lord Stanhope (à droite).

DOMINI NOSTRI JESU CHRISTI

Ci-dessous : détail du monument funéraire d'Isaac Newton, philosophe et mathématicien. Dessiné par l'architecte anglais William Kent, il a été réalisé au XVIIIe siècle par le sculpteur français Louis-François Roubillac. Il s'agit là d'un bel exemple d'art baroque, style qui occupe une large place dans l'abbaye, notamment dans les monuments funéraires du transept sud, où se trouve le Poets' Corner, *et dans ceux du transept nord, réservé aux hommes d'État* (Statesmen's Aisle).

Ci-contre : la croisée et l'abside vues depuis le chœur, dont on aperçoit, au premier plan, les stèles érigées au XIXe siècle pour les choristes. Au fond, se trouve le sacrarium, *ou* sanctuary, *avec le maître-autel et la clôture construite par l'architecte Gilbert Scott en 1867; elle est adossée à celle qui, au XVe siècle, séparait le* sanctuary *de la chapelle d'Édouard le Confesseur. Au-dessus de l'autel figure une mosaïque d'Antonio Salviati (1816-1890) représentant la Cène.*

Lorsque, se détournant des merveilles qu'il a sous les yeux, le visiteur lève son regard vers la voûte, il est saisi d'admiration devant la splendide harmonie de l'architecture gothique de Westminster, l'élan prodigieux des pilastres et des piliers. Dans la nef (ci-contre), comme dans l'abside (ci-dessous), les croisées d'ogives, graphiquement mises en valeur par le jeu de l'ombre et de la lumière, mettent un point final à la superbe projection verticale de l'édifice.

Les puissants piliers en faisceau et les grands arcs ogivaux (pages 32-33 et 34) de la croisée interrompent la succession dynamique des travées, de la nef principale et du transept. Il s'agit ici de l'élément essentiel de l'édifice sacré, du lieu où, dans le monument gothique, la tension ascensionnelle des membrures s'exprime dans un seul élan à travers la continuité des piliers et des arcs qui délimitent le fond du tiburium.
Ci-dessous : la voûte de la conque absidiale.

A gauche : détail de la voûte de l'abside. Les croisées d'ogives sont fermées par des clefs de voûte sculptées de motifs végétaux et enrichies de dorures. Ces croisées délimitent les différents éléments de la toiture, dont le précieux « remplissage » en pierres de couleurs différentes s'ordonne, pour des raisons d'équilibre, suivant un dessin en arête de poisson.
A droite : vue du transept nord, la Statesmen's Aisle, *qui, comme son nom l'indique, regroupe les monuments funéraires des grands hommes d'État britanniques. Le mur du fond, dans lequel s'ouvre « le portique de Salomon », est enjolivé de plusieurs séries d'arcades, alternativement pleines et décorées de vitraux. La magnifique rosace gothique a été réalisée en 1772 — Attenbury était alors doyen de Westminster — d'après un dessin de Sir James Thornhill. Les vitraux représentent les Évangélistes et les Apôtres, non compris Judas Iscariote.*

Les quelques œuvres picturales du XIIIe *et du* XIVe *siècle que recèle l'abbaye de Westminster sont d'autant plus précieuses qu'elles figurent parmi les rares vestiges qui subsistent de la peinture médiévale anglaise. Ci-contre : détail d'un devant d'autel (en assez mauvais état de conservation) représentant saint Pierre. Ce tableau, qui ornait la chapelle funéraire de l'abbé Islip et qui est aujourd'hui conservé dans la* Jerusalem Chamber, *se ressent assez*

nettement de l'influence des peintres gothiques italiens (celle de Duccio Buoninsegna, notamment). Ci-dessus : le style de ces deux fresques, que l'on peut admirer au fond du transept sud, près de l'entrée de la Saint Faith's Chapel, *est très proche de celui du devant d'autel. D'autres peintures exécutées au Moyen Age ornaient jadis la chapelle de saint Étienne, à l'intérieur de l'abbaye. Elles figurent aujourd'hui dans les collections du British Museum.*

A gauche : détail d'un tableau du XIVe *siècle représentant Édouard I*[er]*. Il orne la* sedilia, *petite tribune réservée au clergé située le long du mur sud du* sanctuary.
A droite : le trône du sacre, un siège en chêne doré réalisé par Walter of Durham vers l'an 1300. Il renferme la fameuse « pierre de Scone », sur laquelle étaient traditionnellement couronnés les anciens rois celtes. C'est Édouard Ier *— surnommé en son temps le « marteau des Écossais » — qui la rapporta d'Écosse en 1296, au terme d'une campagne victorieuse. Ce trône est depuis lors utilisé pour le sacre des rois d'Angleterre. Habituellement placé dans la chapelle d'Édouard le Confesseur, il est transporté pour la circonstance au centre du* sanctuary.
La « pierre de Scone » n'a quitté l'abbaye qu'à deux reprises : en 1657, quand elle fut transférée à Westminster Hall lorsque Cromwell fut nommé Lord-Protecteur, et en 1950, quand elle fut volée par des nationalistes écossais en mal de publicité.

Derrière le maître-autel se trouve la chapelle que fit édifier Édouard III en l'honneur du fondateur de l'abbaye de Westminster, Édouard le Confesseur (mort en 1066 et canonisé en 1161 par le pape Alexandre III). C'est au centre de cette chapelle — entourée de tous côtés par des tombes royales — que se dresse le tombeau du saint, le cœur même de l'abbaye. Édouard III l'avait fait réaliser à Rome par Pietro Oderisi de' Cosmati, à qui l'on doit également le pavement du sanctuary. *L'assise en pierre — dont on peut admirer ci-contre la décoration, œuvre de l'artiste italien — supportait à l'origine un reliquaire en or, qui contenait les restes d'Édouard le Confesseur. Le tombeau fut démoli à l'époque de la Réforme, lorsque furent dissous les ordres religieux qui présidaient aux destinées de Westminster. Le reliquaire actuel fut mis en place par l'abbé Feckenham en 1556, sous le bref règne de Marie Ire, surnommée la Catholique, ou la Sanglante.*

Marqué par de nombreux contacts avec le continent, le règne d'Henri III constitue une période particulièrement brillante dans l'histoire des arts figuratifs anglais. Grand protecteur des arts, le souverain suscita la création d'une « école de cour », aux goûts raffinés et cosmopolites, dont les réalisations n'ont rien à envier aux meilleures productions de l'art continental. En témoignent dans l'abbaye de Westminster les plus anciennes tombes royales du déambulatoire.

Page ci-contre : le monument funéraire (ci-dessous, détail) de William of Valence (Lord Pembroke), demi-frère d'Henri III, mort en 1296. Le tombeau est situé près de la grille extérieure de la chapelle d'Édouard le Confesseur. Le gisant en bronze doré — il a conservé sa décoration polychrome en émail champlevé — est l'un des témoignages les mieux conservés de la sculpture de cour du Moyen Age anglais, sculpture qui alliait la rigueur formelle à un goût raffiné pour les matériaux précieux et la couleur.

Ci-dessous : détail du tombeau d'Henri III, mort en 1272. A droite : la tombe d'Éléonore de Castille, première femme d'Henri Ier Plantagenêt, morte en 1290; ces deux tombeaux sont l'œuvre de l'orfèvre londonien William Torel. Les gisants en bronze doré, aux lignes stylisées et élégantes, sont particulièrement soignés au niveau du détail. Les têtes se détachent sur un fond d'émail orné de symboles héraldiques : le lion d'Angleterre pour le souverain, des lions rampants et des tours pour Éléonore.

A gauche : le tombeau d'Edmond « Crouchback » (« le Bossu »), comte de Lancastre, fils d'Henri III, mort en 1296. Il est situé dans la partie sud du sanctuary. *Ci-dessous : le monument funéraire de John of Eltham, comte de Cornouailles et régent d'Angleterre, mort en 1336. Il s'agit d'un gisant en albâtre, une pierre « tendre » et lumineuse travaillée ici avec une rare finesse. Les petites statues de reines et de rois qui entourent la base du tombeau ont, malheureusement, été mutilées.*

Dans la partie sud du déambulatoire de l'abside, près de la chapelle d'Édouard le Confesseur, se dresse l'imposant tombeau du roi Édouard III, qui mourut seul et oublié en 1377, dans le château de Sheen. Le monument comporte deux parties superposées en marbre sombre de Purbeck, qui ont été sculptées par Henry Yevele. *Il est surmonté du gisant en bronze doré à l'effigie du souverain, que l'on doit probablement au talent de l'orfèvre anglais John Orchard. La tradition veut que la tête du gisant, d'un réalisme poignant, ait été modelée à partir d'un moulage effectué sur le visage même du roi défunt. Tout autour du tombeau, des niches accueillent des personnages en larmes* (weepers). *Ils représentent six des douze enfants qu'Édouard III eut avec la reine Philippa (six autres statuettes, jadis situées sur l'autre côté du tombeau, ont aujourd'hui disparu). A la base du monument, les armoiries de la Couronne alternent avec les armes de saint Georges.*

Le beau portail gothique de la chapelle de saint Érasme (à gauche) sert en réalité d'entrée à la chapelle de saint Jean-Baptiste, dont l'accès originel, donnant sur le déambulatoire de l'abside, est aujourd'hui barré par toute une série de monuments funéraires. La chapelle, minuscule et littéralement encastrée dans l'épaisseur du mur, entre deux piliers, fut probablement aménagée pour recevoir une précieuse image sacrée offerte à l'abbaye par la femme d'Aymer of Valence, sous le règne de Richard II (seconde moitié du XIVe siècle).
De nos jours, une statuette en albâtre de la Vierge à l'Enfant occupe la place de l'ancienne effigie sacrée.
A droite : détail du monument funéraire de Margareth Beaufort, mère d'Henri VII, morte en 1509. Son tombeau, situé dans la partie sud de la chapelle qui porte le nom de son fils, a été réalisé par Pietro Torrigiani, artiste florentin venu à Londres en 1511 pour édifier le monumental ensemble de tombes de la chapelle d'Henri VII.

Henri VII accorda beaucoup d'attention et consacra des fonds importants à la construction de sa chapelle funéraire Celle-ci fut édifiée, entre 1503 et 1509, sur l'emplacement d'une ancienne chapelle consacrée à la Vierge Marie, dans un style gothique tardif caractéristique de la période Tudor. La chapelle d'Henri VII est remarquable par sa richesse et son harmonie formelle. Elle comporte trois nefs, séparées par des stalles en bois, auxquelles donnent accès trois portails différents.

Au fond de la nef principale se trouve le sépulcre d'Henri VII, mort en 1509, et de sa femme Élisabeth d'York, décédée sept ans plus tôt. Ce tombeau fut érigé par Pietro Torrigiani, qui travailla sur des instructions précises du souverain. Les gisants en bronze doré reposent sur une assise en marbre noir entourée d'une grille en fer forgé ornée des emblèmes des défunts, comme le lévrier des Neville, le dragon des Welsch (à droite, en haut) et les lis de France (à droite, en bas).

Ci-dessous : vue d'ensemble de la nef principale de la chapelle d'Henri VII. Elle est entourée de stalles en bois construites en 1725 pour les chevaliers de Bath et surmontées des étendards des chevaliers de la Grand-Croix de l'ordre. Ci-contre : les vitraux et la voûte de l'abside. Soutenue par un réseau complexe de croisées d'ogives, cette voûte est masquée par une précieuse dentelle de pierre sculptée de motifs en étoile et en éventail qui convergent pour former les clefs de voûte.

A gauche : la tombe de Marie Stuart, dont on peut admirer ci-dessous le gisant en marbre blanc, œuvre du sculpteur Cornelius Cure. La chapelle de l'infortunée reine d'Ecosse, morte décapitée en 1587, est située dans une petite nef au sud de la chapelle d'Henri III et fait pendant à celle de sa cousine et ennemie, Élisabeth. Les deux monuments, comparables par leur style et par leur importance, ont été érigés sur la demande de Jacques Ier Stuart, fils de Marie d'Ecosse, au début du XVIIe siècle.

MEMORIÆ ÆTERNÆ
ELIZABETHÆ ANGLIÆ, FRANCIÆ, ET HIBERNIÆ
REGINÆ, R HENRICI VIII FILIÆ, R HEN VII NEPTI R
ED IIII PRONEPTI, PATRIÆ PARENTI RELIGIONIS
ET BONARVM ARTIVM ALTRICI, PLVRIMARVM
LINGVARVM PERITIA, PRÆCLARIS TVM ANIMI
TVM CORPORIS DOTIBVS, REGIISQ VIRTVTIBVS
SVPRA SEXVM PRINCIPI
INCOMPARABILI
IACOBVS MAGNÆ BRITANNIÆ, FRANCIÆ, ET
HIBERNIÆ REX, VIRTVTVM, ET REGNORVM
HÆRES, BENE MERENTI PIE
POSVIT
REGNO CONSORES
&VRNA HIC OBDOR
MIMVS ELIZABETHA
ET MARIA SORORES
IN SPE RESVRREC=
TIONIS

Ci-contre : le monument funéraire d'Élisabeth Ire (morte en 1603) et de Marie Ire la Catholique (morte en 1558). Les sœurs ennemies reposent à l'ombre d'un imposant arc en marbre édifié sur ordre de Jacques Ier. « Unies dans le règne et dans la tombe, nous dormons ici, Élisabeth et Marie, sœurs, dans l'espérance de la Résurrection. » Cette inscription en latin figurant à la base du monument, loin de résumer les relations qu'entretenaient les deux reines, cherche plutôt à effacer le souvenir d'une des périodes les

plus tourmentées de l'histoire de l'Angleterre. Près de la tombe d'Élisabeth se trouvent les monuments funéraires des deux filles de Jacques Ier (ci-dessus) : Sophie (trois jours), morte en 1606, repose dans un cercueil en forme de berceau; Marie (deux ans), décédée en 1607, est couchée sur le flanc sur un sarcophage en marbre. Ces deux monuments un peu macabres, qui, à travers le naturalisme des visages et les vives couleurs, cherchent à donner l'illusion de la vie, sont l'œuvre de Maximilian Powtrain.

Ci-contre : le vitrail commémorant la bataille d'Angleterre; dessiné par Hugh Easton et situé au centre de l'abside de la chapelle d'Henri VII, il fut solennellement consacré en présence du roi Georges VI, en 1947.
Ci-dessous : le tombeau de Sir Gilles Daubeny (devenu Lord Chamberlain sous le règne d'Henri VII), mort en 1508, et de sa femme Élisabeth. Surmonté de deux précieux gisants en albâtre, il constitue, par le raffinement des détails, un magnifique exemple d'art Renaissance.

Ci-contre : trois fastueux tombeaux baroques de l'époque élisabéthaine. Ces monuments en marbre polychrome enjolivés de lourdes dorures sont caractérisés par le fait qu'ils sont appuyés au mur. Les statues représentant les défunts et leurs parents — ceux-ci figurés dans l'attitude de la prière — sont aussi vivement colorées; les visages et les vêtements sont très soignés dans le détail.
Ci-contre : en haut, le monument funéraire d'Anne, duchesse de Somerset, morte en 1587; en bas, celui de Winifred, marquise de Winchester, décédée en 1586.
Page 64 : le somptueux tombeau que Lord Burleigh fit édifier pour son épouse Mildred Cecil, morte en 1589, et pour sa fille Anne, disparue un an plus tôt. Les deux gisants à l'effigie des défuntes sont entourés de figurines représentant leurs enfants et leurs petits-enfants. La statue de Lord Burleigh lui-même est placée dans une niche dans la partie supérieure du monument.

La salle capitulaire de l'abbaye de Westminster, à laquelle on accède par un vestibule à colonnes et un double portail s'ouvrant dans la partie est du « petit cloître », est considérée comme l'un des plus purs chefs-d'œuvre du gothique anglais. Construit sur un plan octogonal, l'édifice fut commencé en 1250, sous le règne d'Henri III et probablement achevé trois ans plus tard. La structure portante s'appuie sur l'imposant pilier central, et les murs sont presque entièrement remplacés par d'immenses vitraux. Ils reposent sur une loggia ornée d'arcs trilobés et reposant sur une assise en marbre. C'est dans cette vaste salle lumineuse que les moines tenaient leurs assemblées plénières jusqu'à la dissolution des ordres religieux par Henri VIII, en 1540. Laissée à l'abandon pendant plusieurs siècles, elle a été restaurée à partir de 1865. Le pavement en terre cuite (à droite, détails), datant de 1355, est quant à lui en excellent état.

Dans l'architecture gothique, l'armature est réduite à un réseau de lignes qui innervent l'ensemble de l'édifice. Les murs ne jouent aucun rôle de soutien, celui-ci étant assuré par un système complexe de piliers, d'arcs en ogive et de croisées d'ogives. Dans la splendide voûte de la salle capitulaire (ci-contre), la structure portante constitue en elle-même un élément décoratif : conjuguant, dans une parfaite hamonie, les canons du style et les impératifs architecturaux, elle évoque une sorte de fleur géométrique,

dont les croisées d'ogives, se déployant à partir du pilier central, dessinent les pétales.
Ci-dessus : détail de la loggia aveugle, ornée d'arcs trilobés, qui entoure la salle capitulaire. Les peintures murales (v. aussi pages 70 et 71) ont été exécutées dans la seconde moitié du XVe siècle par un moine de l'abbaye, John of Northampton. Ces fresques, représentant des scènes de l'Apocalypse et enchâssées avec soin dans leur cadre de pierre, ne vont pas sans évoquer les enluminures des manuscrits médiévaux.
Elles sont accompagnées de cartouches en trompe-l'œil portant des inscriptions tirées de la Bible.

Dromedary

V

COMPLÉTEZ VOTRE COLLECTION

BON DE COMMANDE

Pour compléter votre collection des *Passeports de l'Art* avec les numéros déjà parus, il vous suffit de remettre ce bon de commande à votre marchand de journaux après l'avoir rempli.

Veuillez me fournir: Nombre d'exemplaires:

n° 1 «LA VALLÉE DES ROIS»

n° 2 «L'ACROPOLE D'ATHÈNES»

n° 3 «LES CITADELLES INCAS»

n° 4 «L'ALHAMBRA DE GRENADE»

n° 5 «LE PALAIS DE BANGKOK»

n° 6 «VENISE ET LE GRAND CANAL»

n° 7 «MONET AU JEU DE PAUME»

n° 8 «LES PALAIS DE CRÈTE»

Chaque exemplaire: 27 FF, 190 FB.

Si votre marchand de journaux ne peut vous procurer les exemplaires que vous désirez, adressez directement ce bon de commande sous lettre affranchie à:

FRANCE:
ÉDITIONS ATLAS,
tour Maine-Montparnasse,
33 avenue du Maine, 75755 Paris
Cedex 15, en ajoutant 3 FF par exemplaire pour participation aux frais de port.

BELGIQUE:
ÉDITIONS ATLEN,
55 avenue Huart-Hamoir,
1030 Bruxelles (Banque Bruxelles-Lambert, compte n° 310-0018465-24 Bruxelles), en ajoutant 20 FB par exemplaire pour participation aux frais de port.

Nom ....

Adresse ....

.... Code postal ....

Mode de règlement:

☐ Virement bancaire.

☐ Mandat.

☐ Chèque bancaire (ci-joint).

☐ C.C.P. (ci-joint).

Page 72 : vue du déambulatoire du « petit cloître », dont les parties les plus anciennes remontent au règne d'Henri III. La construction n'en fut achevée qu'au XIVe siècle, en même temps que celle des logements destinés aux moines. Ci-dessous : la bibliothèque capitulaire, qui occupe une partie de l'ancien dortoir, a été aménagée en 1620 par le doyen Williams. Celui-ci la dota personnellement de nombreux livres précieux, dont beaucoup ont été détruits lors du grand incendie de 1694.

Ci-contre : située près de l'entrée ouest de l'abbaye, la Jerusalem Chamber *était jadis la salle à manger de l'hôtellerie abbatiale. Cette pièce (elle doit son nom aux tableaux et aux tapisseries qui l'ornaient autrefois) fut également restaurée par le doyen Williams, dont les armes figurent sur le manteau sculpté de la cheminée.*
Elle conserve néanmoins quelques traces de ses origines gothiques : ainsi, du vitrail du XIIIe *siècle représentant la décollation de saint Jean-Baptiste (ci-dessous).*

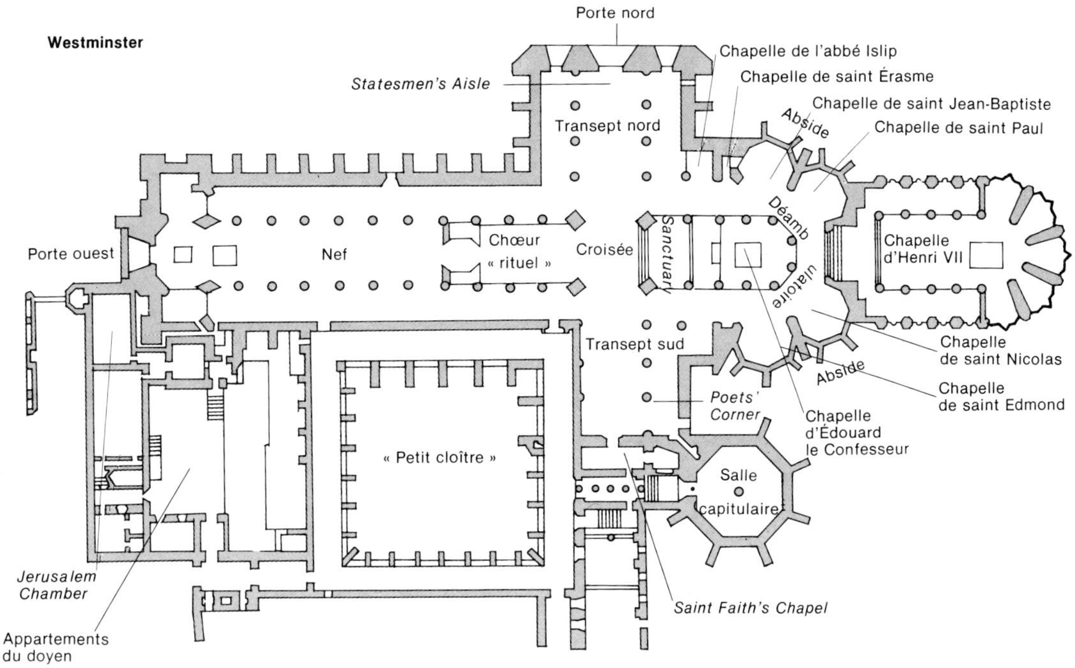
Westminster
Porte nord
Chapelle de l'abbé Islip
Chapelle de saint Érasme
Statesmen's Aisle
Chapelle de saint Jean-Baptiste
Abside
Chapelle de saint Paul
Transept nord
Déambulatoire
Chapelle d'Henri VII
Porte ouest
Nef
Chœur « rituel »
Croisée
Sanctuary
Transept sud
Chapelle de saint Nicolas
Abside
Chapelle de saint Edmond
Poets' Corner
Chapelle d'Édouard le Confesseur
« Petit cloître »
Salle capitulaire
Jerusalem Chamber
Saint Faith's Chapel
Appartements du doyen

Index